insel taschenbuch 4883
Susanne Walter
Der saftigste Cheesecake der Welt

Desserts können Seelentröster, Belohnung oder Sattmacher sein, und wer sich dann und wann mit einem belohnt, ist ein glücklicherer Mensch. *Der saftigste Cheesecake der Welt* versammelt in 35 Rezepten eine köstliche, interkontinentale Auswahl von Lieblingsschlemmereien, deren Duft einem bereits beim Lesen in die Nase steigt.

Wie Backpapier sich im Ofen nicht wellt, was ein »Challah« so köstlich macht und warum Welten zwischen Schokoladenmousse und Schokoladenpudding liegen – Spitzenköchin Susanne Walter verrät es uns.

Susanne Walter, geboren in Baden-Württemberg, absolvierte ihre Ausbildung zur Köchin bei Jean-Claude Bourgueil im *Schiffchen* in Düsseldorf, bevor sie in Belgien internationale Gastronomie-Erfahrung sammelte. Zurück in Deutschland, kochte sie mit Eckart Witzigmann für den *Feinschmecker* und gründete ein Catering-Unternehmen. Sie ist zudem als Foodstylistin, Rezept- und Buchautorin tätig. Susanne Walter wohnt in Hamburg.

Susanne Walter

Der saftigste Cheesecake der Welt

35 süße Klassiker
und wie sie immer gelingen
Illustrationen von Maggie Jarvis

Insel Verlag

Text und Illustrationen © Peter Pauper Press
Die amerikanische Originalausgabe erschien 1967 unter dem
Titel *Festive Dessert Cookery* bei Peter Pauper Press, Inc.
Die deutsche Fassung wurde mit freundlicher Genehmigung von Peter
Pauper Press von Susanne Walter überarbeitet und aktualisiert.

Erste Auflage 2021
insel taschenbuch 4883
© Insel Verlag Berlin 2021
Alle Rechte vorbehalten, insbesondere das der Übersetzung,
des öffentlichen Vortrags sowie der Übertragung durch
Rundfunk und Fernsehen, auch einzelner Teile.
Kein Teil des Werkes darf in irgendeiner Form
(durch Fotografie, Mikrofilm oder andere Verfahren)
ohne schriftliche Genehmigung des Verlages
reproduziert oder unter Verwendung elektronischer
Systeme verarbeitet, vervielfältigt oder verbreitet werden.
Vertrieb durch den Suhrkamp Taschenbuch Verlag
Umschlag: Schimmelpenninck.Gestaltung, Berlin
Umschlagillustrationen: Maggie Jarvis
Druck: Memminger MedienCentrum AG
Bindung: Conzella Verlagsbuchbinderei GmbH & Co KG,
Aschheim-Dornach
Printed in Germany
ISBN 978-3-458-68183-0

Der saftigste
Cheesecake der Welt

Liebe Leserinnen und Leser!

Vielleicht sind Sie ja gerade genauso entzückt wie ich, als ich dieses kleine Dessertbuch in einem amerikanischen Vintageladen entdeckte. Es erschien nämlich schon einmal; bei Peter Pauper Press, einem Verlag, der Ende der 1920er von dem jungen New Yorker Ehepaar Peter und Edna Beilenson gegründet worden war und geführt wurde. Sie arbeiteten mit diversen Grafikkünstlern zusammen, viele von ihnen waren vor den Nazis aus Europa nach Amerika geflohen. Ihre Bücher sollten den Lesern das Leben leichter und schöner machen.

Dieser Band erschien in den 6oer Jahren. Die Tourismusindustrie und der Flugverkehr boomten, die Menschen reisten mit Pan Am in ferne Länder, entdeckten französische, britische oder deutsche Süßspeisen ganz neu – und wollten sie zuhause auch ihren Freunden und Familien vorführen.

So sind viele der Rezepte in diesem Band interkontinental; die Bücher der Beilensons trafen damit den Nerv der Zeit.

Heute wird ihr Verlag Peter Pauper Press von ihren Nachfahren weitergeführt. Diesen Band gibt es längst nur noch antiquarisch. Aber er ist viel zu schön, um ihn nicht wiederaufleben zu lassen.

Eine dieser von mir modernisierten Neuauflagen halten Sie nun in Ihren Händen.

Ich habe darin den genussvollen, amerikanischen Spirit von einst mit meiner zeitgenössischen europäischen Expertise und Vielfalt angereichert. Herausgekommen sind 35 köstliche *All Time Favourites*, die an einen gemütlichen Nachmittag im Coffeeshop oder einen wunderbaren Kaminabend denken lassen. Sie sind nicht nach Themen geordnet, sondern mehr wie ein nicht enden wollender Strom der Köstlichkeiten. Manche kenne ich von meiner Mutter, einige bereite ich schon seit Jahren selber zu; andere habe ich durch die Beschäftigung mit diesem Buch noch einmal neu kennengelernt. Ich versichere Ihnen, man muss kein Profi sein, um sie selber herzustellen; nur Spaß am Backen und Zubereiten haben. Manche dieser Desserts sind in weniger als einer Stunde fertig, andere brauchen länger. Viele halten sich wochenlang. Und alle machen sehr, sehr glücklich.

Ihre Susanne Walter

Apple Pie

Das schönste Gefühl

Es gibt wohl keinen wohligeren Geruch als den einer Apple Pie. Der Unterschied zwischen Kuchen und Pie? Bei Letzterer kommt eine Teigdecke auf die Füllung, die dafür sorgt, dass sie besonders saftig bleibt; so auch bei diesem Rezept. Verwenden Sie in jedem Fall Äpfel, die beim Backen weich und mürbe werden, zum Beispiel Cox, Boskoop oder Finkenwerder Herbstprinz. Die Pie schmeckt sowohl warm aus dem Ofen als auch am nächsten Tag, gut durchgezogen. Servieren Sie dazu halbsteif geschlagene Sahne.

Für 12 Kuchenstücke, Zubereitungszeit 60 Minuten + 40 Minuten Backzeit

Teig:
270 g Mehl
185 g weiche Butter + 1 EL weiche Butter zum Fetten
    der Form
2 EL Zucker
Prise Salz
6 EL eiskaltes Wasser

Füllung:
50 g Rosinen
60 ml Rum

900 g säuerliche Äpfel,
Saft einer halben Zitrone
50 g Haselnussblättchen
5 EL Zucker
eine Prise Zimt
1 EL Mondamin

Außerdem:
1 Eigelb und 2 EL Milch zum Bepinseln der Oberfläche

Alle Teig-Zutaten verkneten, dann in Klarsichtfolie einschlagen und eine halbe Stunde kaltstellen.

Für die Füllung Rosinen mit Rum übergießen und ziehen lassen. Äpfel schälen, vierteln und entkernen, Apfelviertel mit einem Messer oder einem Gemüsehobel in dünne Scheiben hobeln mit Zitronensaft mischen. Haselnussblättchen in einer Pfanne bei mittlerer Temperatur unter mehrmaligen Wenden goldbraun rösten.

Backofen auf 190 °C Ober- / Unterhitze vorheizen. Ein Drittel des Teigs für den Deckel beiseitestellen, den Rest möglichst gleichmäßig auf dem Boden und am Rand einer Backform (Ø 26 cm) flachdrücken, so dass ein ca. 4 cm hoher Rand entsteht.

Äpfel, Rumrosinen, Mandelblättchen, Zucker, eine Prise Zimt und Mondamin gut mischen und auf dem Teigboden verteilen. Restlichen Teig dünn ausrollen, einen Kreis mit einem Durchmesser von 27 cm ausschneiden und auf die Äpfel setzen. Teigdeckel an den Rändern andrücken und die Oberfläche mehrmals mit einer Gabel einstechen. Teigreste zusammenkneten, auf leicht bemehlter Arbeitsfläche dünn ausrollen und zu Streifen schneiden. Diese Streifen auf die Pie legen und leicht andrücken. Eigelb und Milch verrühren, damit den Deckel bepinseln.

Im vorgeheizten Backofen auf unterer Schiene ca. 40 Minuten goldgelb backen.

Bananenbrot

Der getarnte Kuchen

Bananenbrot, ein großer Trend in urbanen Coffeeshops, hat die irreführende Bezeichnung »Brot« seiner Form zu verdanken. Dabei gleicht es viel eher einem Kuchen: saftig, süß und aromatisch, Seelentröster und köstlicher Sattmacher zu jeder Tageszeit. Überreife Bananen mit dunkelbrauner Schale können Sie genauso gut verwenden wie gelbe; lediglich grünliche sollten es nicht sein. Variieren Sie Ihr Bananenbrot, indem Sie frische Blau- oder Himbeeren oder eine gehackte Tafel Schokolade unterziehen.

Für 12 Scheiben, Zubereitungszeit 20 Minuten + 50 Minuten Backzeit + Abkühlzeit

2-3 reife Bananen (geschält ca. 200 g)

100 g Walnüsse oder andere Nüsse, grob gehackt

300 g Mehl + Mehl für die Kastenform

3 TL Backpulver

150 g weiche Butter, ersatzweise Kokosöl

120 g Zucker oder Kokosblütenzucker

1 Päckchen Vanillezucker

1 Prise Salz

2 Prisen Zimt

2 Eier

ca. 50 ml Milch oder Kokosmilch

Backofen auf 175 °C Ober-/Unterhitze vorheizen. Bananen mit einer Gabel zerdrücken, Walnüsse grob hacken. Mehl und Backpulver in eine Schüssel sieben.

Butter, Zucker, Vanillezucker, Salz und Zimt in eine weitere Rührschüssel geben und mit den Schneebesen des elektrischen Handrührgeräts ca. 3 Minuten schaumig rühren. Nach und nach die Eier einarbeiten. Mehl unterrühren, dann Bananen und Walnüsse unter den festen Kuchenteig rühren. Nach und nach so viel Milch unterrühren, bis der Teig locker vom Löffel fällt.

Eine gefettete Kastenform (25 x 10 x 10 cm) mit Mehl bestäuben. Den Teig in die Form füllen und glattstreichen. Die Form für ca. 50 Minuten auf zweiter Schiene von unten in den heißen Backofen schieben. Ob der Kuchen fertig ist, erkennt man an der Stäbchenprobe. Dafür ein Holzstäbchen in die Mitte des Kuchens stecken. Bleiben keine Teigreste am Stäbchen hängen, ist das Bananenbrot fertig.

Nach 10 Minuten stürzen, abkühlen lassen und lauwarm oder kalt servieren.

Pancakes mit Ahornsirup

Das perfekte Sonntagsfrühstück

Pancakes sind kleiner, aber auch fluffiger als Pfannkuchen und Crêpes. Dadurch eignen sie sich perfekt dazu, vor dem Wenden mit Blau- oder Himbeeren bestreut zu werden, die in den Teig einsinken und den saugfähigen Pancakes eine fruchtig frische Note verleihen.

Ergibt 12 Pancakes, ca. Ø 10 cm, Zubereitungszeit 20 Minuten + 30 Minuten Ruhezeit

100 g Mehl
1 TL Backpulver
¼ TL Natron
¼ TL Salz
2 Eigelbe
100 ml Milch
80 ml Mineralwasser

3 EL flüssige Butter oder neutrales Pflanzenöl
2 Eiweiße
2 EL Zucker
Butter oder neutrales Pflanzenöl zum Ausbacken

Außerdem:
Ahornsirup zum Begießen

Für die Pancakes Mehl, Backpulver, Natron und Salz mit Eigelben, Milch, Mineralwasser und Butter mit einem Schneebesen zu einem glatten Teig verrühren und 30 Minuten quel-
len lassen.

Eiweiße mit 2 EL Zucker steif schlagen und unter den Pan-
cake-Teig heben.

Portionsweise Butter in einer Pfanne erhitzen. Den Teig
mit einem Esslöffel in Klecksen (Ø 8 bis 10 cm) in die Pfanne geben, dabei etwas Abstand zu den anderen Pancakes frei
lassen. Pancakes braten, bis sie Farbe bekommen, dann
wenden und auf der zweiten Seite goldbraun fertig backen.

Pancakes auf Teller verteilen und mit Ahornsirup beträufeln.

Pumpkin Pie

Herrlicher Herbstgenuss

Diese Pie gehört in den USA zum Herbst wie Truthahn zu Thanksgiving. Es gibt sogar die »Pumpkin Pie Spice«-Gewürzmischung, bestehend aus Zimt, Muskatnuss, Ingwer und Nelken – ein Muss für diesen Kuchen! Und auch für andere Zwecke gut einsetzbar.

Ca. 12 Stücke, Zubereitungszeit 45 Minuten + 110 Minuten Backzeit + Abkühlzeit

Mürbteig:
180 g Mehl
30 g Zucker
1 Prise Salz
100 g Butter
1 kleines Ei

Füllung:
1 kleiner Butternusskürbis, ca. 600 g
350 ml Sahne
3 Eier, M
100 g Rohrzucker
½ TL Zimtpulver
½ TL gemahlener Ingwer
¼ TL frisch geriebene Muskatnuss

1 Prise gemahlene Nelken
Abrieb einer Bio-Orange
100 g grob gehackte Pecannüsse

Mehl, Zucker, Salz, Butter und Ei in einer Schüssel mit den Händen rasch zu einem homogenen Teig kneten. Teig in Klarsichtfolie schlagen und 30 Minuten kaltstellen.

Währenddessen Butternusskürbis der Länge nach halbieren, in Aluminiumfolie schlagen und auf einem Backblech für ca. 50 Minuten in den auf 190 °C Ober-/Unterhitze vorgeheizten Backofen schieben. Sobald das Fruchtfleisch vollständig weich ist, Kürbis herausnehmen, den Ofen eingeschaltet lassen.

Teig auf leicht bemehlter Arbeitsfläche gleichmäßig ausrollen. Teig in die gebutterte Spring- oder Tarteform (Ø 23 cm) legen. Den Rand festdrücken, er soll 3-4 cm hoch sein.

Teigboden mehrfach mit einer Gabel einstechen und mit einem passenden Stück Backpapier belegen, so dass es am Rand etwas hochsteht. Backpapier mit Hülsenfrüchten beschweren und die Tarte auf zweiter Schiene von unten für 15 Minuten in den heißen Backofen schieben.

Das weiche Kürbisfruchtfleisch mit einem Löffel aus der Schale heben und 450 g abwiegen. Das Fruchtfleisch mit Sahne, Eiern, Rohrzucker, Gewürzen und Orangenabrieb pürieren.

Den vorgebackenen Boden aus dem Ofen nehmen, Backpapier und Hülsenfrüchte entfernen. Kürbismasse hineingießen und die Pie für ca. 40 Minuten im Ofen backen, nach 10 Minuten Pekannüsse auf der Oberfläche verteilen. Die Pie ist fertig, sobald die Kürbismasse vollständig gestockt ist. Pie aus dem Ofen nehmen und lauwarm oder abgekühlt servieren, dazu Schlagsahne reichen.

Pavlova

Passionierte Alleskönnerin

Stoff unserer Träume: zugleich knusprig und weich, zuckrig süß und erfrischend säuerlich, leicht wie eine Wolke und doch kalorisch genug, um die Produktion von Glückshormonen anzukurbeln – eine wahre Alleskönnerin. Angeblich wurde sie vor hundert Jahren für die russische Primaballerina Anna Pavlova erfunden, die sich die zweite Portion höchstwahrscheinlich verkneifen musste … Statt exotischen Früchten passen übrigens auch Johannisbeeren, Rhabarber oder Stachelbeeren vorzüglich. Wichtig ist nur, dass die Früchte genügend Säure enthalten, um der süßen Baisermasse zu trotzen.

Für 4-6 Personen, Zubereitungszeit 25 Minuten + 80 Minuten Backzeit und 6 Stunden Abkühlzeit

Boden:
150 g Eiweiß (ca. 4 Eiweiße)
Prise Salz
½ TL Weißweinessig
220 g Puderzucker

Passionsfruchtsauce:
8 reife Passionsfrüchte (mit runzliger und schrum-
    peliger Schale)
ca. 70 g Zucker

Füllung:
400 ml eisgekühlte Sahne
1 Päckchen Vanillezucker
400 g exotische Früchte, nur das Fruchtfleisch, z. B.
    Mango, Ananas, Bananen, Orangen

Backofen auf 120 °C Umluft vorheizen. Eiweiß mit einer Prise
Salz mit den Schneebesen des elektrischen Handrührgeräts
steif schlagen. Achten Sie beim Trennen der Eier darauf, das
Eiweiß nicht durch Eigelbreste zu verunreinigen.

Weißweinessig und nach und nach unter ständigem Rühren den Puderzucker zufügen, so lange weiterschlagen, bis
sich feste Spitzen bilden (ca. 10 Minuten).

Ein Backblech mit Backpapier auslegen, darauf einen
Kreis mit einem Durchmesser von ca. 25 cm zeichnen. Den
Eischnee auf diesem Kreis so verteilen, dass im Inneren eine
leichte Mulde entsteht.

Das Backblech auf zweiter Schiene von unten in den heißen Ofen schieben. Die Temperatur auf 100 °C herunterschalten und die Pavlova 70-80 Minuten backen. Ofentemperatur ausschalten und die Pavlova im Ofen abkühlen lassen (ca. 6 Stunden), dann kaltstellen.

Für die Fruchtsauce Passionsfrüchte mit einem Sägemesser quer halbieren. Saft und Kerne mit einem Teelöffel herauskratzen und in einen kleinen Topf geben, es soll ca. 150 g Fruchtfleisch ergeben. Zucker zufügen und das Ganze einmal aufkochen. Die Sauce vom Herd ziehen, mit einem Pürierstab leicht anpürieren und durch ein feines Sieb streichen. Wer den Knack mag, kann 1 bis 2 EL der im Sieb verbleibenden Kerne zurück in die Sauce geben. Sauce abkühlen lassen und bis zum Servieren kaltstellen.

Früchte in mundgerechte Stücke schneiden.

Sahne mit Vanillezucker mit den Schneebesen des elektrischen Handrührgeräts steif schlagen.

Zum Servieren Pavlova vorsichtig auf eine Servierplatte setzen, Sahne in die Mitte geben. Früchte und Passionsfruchtsauce darauf verteilen.

New York Cheesecake

Mit Erdbeersauce

Problemlos könnte man dem Käsekuchen allein ein ganzes Buch widmen, so vielseitig sind die Rezepturen und so unter-

schiedlich ihre Ergebnisse. Gemein haben sie in der Regel eine feucht-saftige Konsistenz, in Hinblick auf dieses Merkmal ist der New York Cheesecake unangefochtener Käsekuchenanführer. Anders als der deutsche Käsekuchen, für den man Quark verwendet, wird der amerikanische mit Frischkäse in Doppelrahmstufe gemacht. »To die for« liest man in diesem Zusammenhang, und wenn Sie dieses Rezept nachbacken, verstehen Sie sicherlich, warum.

Für 4 Personen, Zubereitungszeit 30 Minuten + 90 Minuten Backzeit + 7 Stunden (Ab-)Kühlzeiten

Keksboden:
1 TL weiche Butter zum Fetten der Springform
200 g Butterkekse
Mark einer Vanilleschote
100 g zerlassene Butter

Frischkäsemasse:
800 g Frischkäse Doppelrahmstufe (bei Zimmertemperatur)
200 g Sauerrahm
Abrieb einer Bio-Zitrone
150 g Zucker
40 g Mehl
4 Eier

Erdbeersauce:
400 g Erdbeeren, ersatzweise tiefgefrorene Erdbeeren
Saft einer halben Zitrone
60 g Gelierzucker (2:1)

Backofen auf 180 °C Ober-/Unterhitze vorheizen. Den äußeren Rand einer Springform in 2 Bögen Aluminiumfolie einschlagen (damit später kein Wasser eindringen kann). Den Boden der Springform buttern. Butterkekse mit dem Mark einer ausgekratzten Vanilleschote in einem Blender fein zerkrümeln. Die Kekskrümel mit der zerlassenen Butter mischen.

Keksmasse in die Springform geben und gleichmäßig sehr fest auf den Boden pressen (mit den Händen oder einem Plattiereisen). Springform auf zweiter Schiene von unten für 15 Minuten in den vorgeheizten Backofen schieben.

Währenddessen Frischkäse und Sauerrahm in den Kessel einer Küchenmaschine geben und mit dem Paddel mischen (ersatzweise mit den Knethaken des elektrischen Handrührgeräts). Zucker, Zitronenabrieb und nach und nach die Eier in die Masse einarbeiten. Mehl zufügen und einarbeiten.

Die Frischkäsemasse in die Springform gießen und glattstreichen. Die Springform in einen passenden Bräter oder die Fettpfanne des Backofens setzen und auf zweiter Schiene von unten in den Backofen schieben. Kochendes Wasser in den Bräter bzw. in die Fettpfanne gießen, so dass die Springform 2-3 cm hoch im Wasserbad steht. Backofen schließen und die Masse 45 Minuten backen. Dann die Ofentür für 1 Minute öffnen, Temperatur auf 150 °C herunterschalten und den Cheesecake weitere 30 Minuten backen. Backofen ausschalten und den Kuchen eine Stunde im Ofen stehen lassen. Cheesecake aus dem Ofen nehmen, abkühlen lassen und zugedeckt 6 Stunden im Kühlschrank durchkühlen lassen.

Für die Erdbeersauce Erdbeeren waschen, putzen und grob zerkleinern. Erdbeeren, Gelierzucker und Zitronensaft in einem Topf zum Kochen bringen, 3 Minuten köcheln lassen und pürieren. Die Erdbeersauce durch ein feines Sieb streichen, abkühlen lassen und bis zum Servieren zugedeckt kalt stellen.

Cheesecake mit einem spitzen Messer vom Rand der Springform lösen, auf eine Servierplatte setzen und mit Erdbeersauce servieren.

Schokoladenpudding

Kein Zurück möglich

Schokopudding liebt man auf der ganzen Welt, und in unterschiedlichsten Qualitäten. Nun ist das Bessere aber stets der Feind des Guten. Überlegen Sie es sich also zweimal, ob Sie diesen machen; und sich damit wirklich für immer vom herkömmlichen Schokopudding aus der Tüte verabschieden wollen. Ein Zurück wird es nicht geben, so groß ist der Geschmacks-

unterschied, wenn man wie hier echten Kakao und hochwertige
Schokolade verwendet.

Für 4-6 Personen, Zubereitungszeit 25 Minuten + 1 Stunde
Abkühlzeit

100 dunkle Schokolade, mind. 60 % Kakaoanteil
35 g Kakaopulver
25 g Speisestärke
400 ml Sahne
4 Eigelbe, M
70 g Zucker
400 ml Milch
2 Prisen Salz

Schokolade hacken. Kakaopulver und Speisestärke in eine
Schüssel geben und nach und nach mit einem Schneebesen die Sahne angießen, bis eine homogene Masse entstan-
den ist.

Eigelbe und Zucker mit den Schneebesen des Handrührgeräts in einer Schüssel schaumig schlagen, bis die Eigelbe
hellgelb bis weiß sind. Unter die Sahne-Mischung ziehen.

Milch mit Salz in einem Topf zum Kochen bringen. Mit
einer Kelle die kochende Milch unter ständigem Rühren
mit einem Schneebesen zur Sahne-Mischung geben. Dann
die gesamte Masse zurück in den Topf geben und unter
ständigem Rühren zum Kochen bringen. Den Pudding 2
Minuten köcheln lassen, dabei darauf achten, dass er nicht
anbrennt.

Pudding vom Herd ziehen, die gehackte Schokolade zufügen und unter Rühren auflösen. In eine Schüssel füllen, abkühlen lassen und bis zum Servieren kühl stellen.

Dark Chocolate Mousse

Luftig leicht und reichhaltig zugleich

Wer sich fragt, wo der Unterschied zwischen Schokoladenpudding und -mousse liegt: Sie verhalten sich ungefähr so zueinander wie Käsefondue und Gruyère-Soufflee – beides ist köstlich, aber abgesehen von den Hauptzutaten doch grundverschieden.

Es gibt unzählige Rezepturen für diese Nachspeise, die gegen Trends immun zu sein scheint. Dunkle Schokolade ist jedoch essentiell, verleiht sie doch der Mousse eine vornehme Ernsthaftigkeit, der man noch lange nachschmeckt. Zusätze wie Espresso, Rum, Orangenlikör oder Chilipulver verpassen ihr eine persönliche Note – scheuen Sie sich also nicht, experimentierfreudig an die Sache heranzugehen.

Für 4-6 Personen, Zubereitungszeit 25 Minuten + 4 Stunden Kühlzeit

200 g dunkle Schokolade (70 % Kakaoanteil)
50 g Butter
200 ml Schlagsahne

3 Eier

40 g Zucker

1 Prise Salz

Zum Aromatisieren nach Belieben 2 EL Orangenlikör,
2 EL Cognac oder 2 EL starker Espresso

Schokolade hacken und mit der Butter in einer Metallschüssel über einem heißen Wasserbad unter häufigem Rühren schmelzen, dann Schüssel vom Wasserbad nehmen. Die geschmolzene Mischung soll nicht heiß sein, sondern leicht warm.

Eisgekühlte Sahne steif schlagen.

Eier trennen. Eigelbe mit Zucker und 2 EL warmem Wasser in einer Metallschüssel über einem heißen Wasserbad ca. 5 Minuten schaumig schlagen, bis die Masse leicht andickt. Schüssel vom Wasserbad nehmen und weiterschlagen, bis die Masse Zimmertemperatur erreicht hat.

Eiweiße mit einer Prise Salz steif schlagen, bis der Eischnee weiche Spitzen bildet und cremig ist.

Schokoladen-Butter-Mischung unter die Eigelbe rühren, nach Belieben Orangenlikör, Cognac oder Espresso unterrühren. Sahne und Eischnee behutsam unterziehen und zu einer homogenen Mousse vermischen, ohne dabei zu viel zu rühren.

Die Mousse in eine Schüssel oder ein luftdichtes Behältnis umfüllen und mindestens 4 Stunden, am besten jedoch über Nacht kaltstellen.

Blueberry Muffins

American Dream

Egal, ob zum Picknick, Kindergeburtstag, Schulfest oder Brunch: Muffins gehen immer! Mit Blaubeeren sind sie besonders saftig – und wahrscheinlich auch ein bisschen gesund.

Ergibt 12 Stück, Zubereitungszeit 20 Minuten + 25 Minuten Backzeit

350 g Mehl
2 TL Backpulver
¼ TL Salz
125 g flüssige Butter + weiche Butter zum Fetten
der Förmchen
100 g Zucker
1 Päckchen Vanillezucker
2 Eier
Abrieb einer Bio-Zitrone
125 ml Milch
250 g Blaubeeren

Backofen auf 200 °C Ober- / Unterhitze vorheizen. Mehl, Backpulver und Salz in einer Schüssel mischen. Zwölf Muffinförmchen buttern.

Butter, Zucker und Vanillezucker mit den Schneebesen des elektrischen Handrührgeräts schaumig schlagen, dann nacheinander die Eier unterrühren, bis sie vollständig eingearbeitet sind. Mehl und Zitronenabrieb zufügen und rasch untermischen, dann die Milch unter den Teig rühren. Blaubeeren vorsichtig unterziehen.

Teig in die Muffinförmchen verteilen und für ca. 25 Minuten auf zweiter Schiene von unten in den heißen Backofen schieben, bis die Muffins gar sind (Stäbchenprobe) und eine goldbraune Farbe angenommen haben.

Muffins kurz abkühlen lassen, dann stürzen und auf einem Kuchengitter abkühlen lassen.

Karamellisierte Birnen

Mit Rosmarin und Vanille

Eines der wenigen süßen Rezepte, die nichts mit Backen, sondern mit Kochen zu tun haben. Sie müssen dafür eigentlich nichts abwiegen, Genauigkeit ist hier nicht bei den Zutaten, sondern beim Timing gefragt. Je nach Reifegrad der Birnen müssen Ihre Hälften länger oder kürzer in der Pfanne verweilen, dementsprechend kann auch die angegossene Menge an Birnensaft stark variieren. Achten Sie darauf, dass die Flüssigkeit beim Dünsten nicht ganz einkocht, sonst kann es rasch passieren, dass die Birnen zu dunkel und bitter werden.

Für 4 Personen, Zubereitungszeit 20 Minuten

2 reife, nicht zu weiche Birnen
1½ EL Butter
1 EL Honig
2 EL Zucker
½ Vanilleschote
1 Rosmarinzweig
ca. 100 ml Birnen- oder Apfelsaft

Birnen waschen und der Länge nach halbieren. Nach Belieben das Kerngehäuse mit einem Kugelausstecher entfernen.

Butter, Honig und Zucker in einer ausreichend breiten Pfanne schmelzen. Die Birnenhälften mit der Schnittfläche nach unten in die Pfanne setzen. Vanilleschote der Länge nach aufschneiden und das Mark herauskratzen. Schote und Mark mit dem Rosmarinzweig zufügen und die Birnen bei mittlerer Temperatur anbraten, bis sie Farbe bekommen und die Butter-Zucker-Honig-Mischung hellbraun karamellisiert. Birnensaft angießen und die Früchte weich dünsten, dabei einmal wenden. Evtl. noch etwas Birnensaft angießen, damit der Karamell nicht zu dunkel wird.

Sobald die Birnen weich sind, die Hälften wieder mit der Schnittfläche nach unten umdrehen und den Karamellsud siruppartig einkochen.

Birnenhälften mit dem Sud auf Teller verteilen. Dazu Crème fraîche oder Mascarpone reichen.

Rhabarber Trifle

Ersetzt den Digestif

»Trifles« sind vor allem in der britischen und in der amerikanischen Süßspeisen-Küche beliebt. Die geschichtete Mischung aus Biskuit – getränkt mit etwas Hochprozentigem, dazu säuerlichen Früchten, Vanillepudding und Schlagsahne ist göttlich. Kein Wunder, dass dieses Dessert bei uns zuhause »Götterspeise« hieß – auch wenn es mit Wackelpudding wenig zu tun hat.

Für 6-8 Personen, Zubereitungszeit 1 Stunde + Abkühl- und Kühlzeit

Rhabarberkompott:
1,2 kg Rhabarber
150 g Zucker

Biskuit:
4 Eier, getrennt
1 Prise Salz
125 g Puderzucker
25 g Speisestärke
Saft einer halben Zitrone

Vanillepudding:
500 ml Milch
4 EL Zucker
1 Packung Vanillepudding

Außerdem:
5 EL Himbeergeist
250 ml Schlagsahne, eisgekühlt
2 Päckchen Vanillezucker

Rhabarber waschen, putzen und schräg in ca. 5 mm dünne und 4 cm breite Scheiben schneiden. In einer Schüssel mit Zucker bestreuen und ziehen lassen.

Für den Biskuit Backofen auf 175 °C Ober- / Unterhitze vorheizen. Eiweiße mit einer Prise Salz mit den Schneebesen des Handrührgeräts auf hoher Stufe schaumig schlagen. Langsam 50 g Puderzucker zufügen und weiterschlagen, bis das Eiweiß einen satten Glanz bekommt.

Eigelbe mit dem restlichen Puderzucker auf höchster Stufe hell schaumig schlagen.

Stärke durch ein Sieb auf das Eigelb geben, Zitronensaft zufügen und auf niedrigster Stufe unterziehen.

Eigelbmasse mit einem Spatel behutsam unter den Eischnee ziehen, dabei nicht zu viel und zu stark rühren – gerade so, dass die Masse gut vermischt ist.

Den Boden einer Springform (Ø 26 cm) mit Backpapier auslegen, die Biskuitmasse einfüllen und für ca. 35 Minuten in den heißen Ofen schieben (Stäbchenprobe).

Den fertigen Biskuit kurz abkühlen lassen, dann den Rand mit einem Messer von der Springform lösen und aus der Form stürzen. Biskuit vollständig auf einem Gitter abkühlen lassen.

Währenddessen den Vanillepudding mit 500 ml Milch und 4 EL Zucker nach Packungsangabe zubereiten und abkühlen lassen

Rhabarber und Zucker mit 50 ml Wasser in einem Topf zum Kochen bringen, Temperatur verringern und den Rhabarber wenden. Deckel auflegen und den Rhabarber bei niedriger Temperatur ziehen lassen, bis er weich ist (ca. 5 Minuten).

Biskuit in 2 bis 3 cm breite Würfel schneiden und in einer Glasschüssel mit dem Himbeergeist beträufeln. Zuerst Rhabarberkompott, dann den Pudding darauf verteilen. Schlagsahne mit Vanillezucker steif schlagen und auf dem Trifle verteilen. Mit Klarsichtfolie abdecken und bis zum Servieren gut durchkühlen lassen (mind. 1 Stunde).

Marmorkuchen

Reich – und so gut

Ursprünglich kommt der Marmorkuchen aus Deutschland. Deutsche Immigranten brachten ihn vor über 150 Jahren in die USA, und bis heute schätzt man ihn hüben wie drüben.

Flüssige Schokolade und ein Achtel Liter Sahne trennen diese Version von gewöhnlichen Rühr- oder Fertigkuchen. Denn wenn man sich schon die Mühe macht, darf es auch besonders gut schmecken.

Für ca. 12 Stücke, Zubereitungszeit 20 Minuten + 50 Minuten Backzeit + Abkühlzeit

120 g Bitterschokolade (60 % Kakaoanteil)
250 g Mehl + 25 g Mehl + etwas Mehl für die Backform
½ Päckchen Backpulver
250 g weiche Butter + 1 EL weiche Butter für die
    Backform
250 g Rohrzucker
1 Päckchen Vanillezucker
1 Prise Salz
5 Eier, M oder L
125 ml Sahne
20 ml Rum

Backofen auf 170 °C Ober- / Unterhitze vorheizen. Kuchenform buttern und mit etwas Mehl ausstäuben. Bitterschokolade hacken und über einem warmen Wasserbad schmelzen. 250 g Mehl und Backpulver in eine Schüssel sieben.

Butter mit Zucker, Vanillezucker und einer Prise Salz mit den Schneebesen des elektrischen Handrührgeräts schaumig aufschlagen. Ein Ei zufügen und gut in die Buttermischung einarbeiten, anschließend die restlichen Eier nach und nach zufügen (ca. 10 Minuten). Die Mehl-Backpulver-

Mischung auf niedrigster Stufe unterziehen. Langsam Sahne und Rum unterrühren.

Ca. die Hälfte des Teigs in die vorbereitete Springform mit Rohrboden (Ø 26 cm) geben. Den Rest mit der geschmolzenen Schokolade verrühren und 25 g Mehl unterziehen.

Schokoladenteig auf dem hellen Teig verteilen und mit einer Gabel spiralförmig durch die Teigschichten ziehen, so dass die typische Marmorierung entsteht.

Die Kuchenform auf zweiter Schiene von unten für ca. 45 Minuten in den heißen Backofen schieben (Stäbchenprobe).

Den gebackenen Kuchen 10 Minuten abkühlen lassen, dann stürzen. Zum Servieren mit Puderzucker oder Kakaopulver bestäuben.

French Toast

Die beste Resteverwertung der Welt

Kaum zu glauben, dass man aus altbackenem Brot solch eine Köstlichkeit zubereiten kann. Hierzulande heißt der French Toast »Armer Ritter«, der typischerweise nicht mit Ahornsirup begossen, sondern mit Puderzucker bestreut wird. Vanillesauce ist für beide ein Muss.

Für 4 Portionen, Zubereitungszeit 25 Minuten

ca. 200 ml Milch

2 Eier

nach Belieben 4 EL Rum

4 Scheiben altbackenes Challah oder 4 Scheiben
  getoastetes Toastbrot

40 g Butter

Ahornsirup zum Beträufeln

Außerdem:
200 ml eiskalte Vanillesauce (S. 80)

Backofen auf 220 °C Umluft mit eingeschalteter Grillfunktion aufheizen. Milch, Ei und nach Belieben Rum in einer flachen Schale verquirlen. Brotscheiben darin von beiden Seiten einweichen. Je nachdem, wie trocken die Brotscheiben sind, kann die Einweichdauer zwischen 1 und ca. 5 Minuten betragen. Die Scheiben sollen keinen spürbaren harten Kern in der Mitte aufweisen, aber auch nicht matschig werden.

Butter in einer breiten Pfanne mit hitzebeständigem Griff erhitzen. Brotscheiben vorsichtig aus der Milch-Ei-Mischung nehmen, etwas abtropfen lassen und bei mittlerer Temperatur anbraten. Sobald die Scheiben Farbe annehmen, wenden und die Pfanne vom Herd ziehen. Die Pfanne auf zweiter Schiene von unten für ca. 10 Minuten in den heißen Ofen schieben, bis die Brotscheiben goldbraun und aufgegangen sind.

Pfanne aus dem Ofen nehmen. Vanillesauce in 4 tiefe Teller gießen, darauf den French Toast verteilen und mit Ahornsirup beträufeln. Dazu passt Apfel- oder Pflaumenkompott.

American Toffees

Weich und zuckersüß

Reichlich Butter und noch viel mehr Zucker: Das sind die Zutaten, aus denen Toffees bestehen, diese herrlich zähen, süßen Bonbons, die auch schon mal den einen oder anderen Genießer um eine Zahnfüllung erleichtert haben; dann hat es sich jedoch ausgenossen, also Vorsicht!

Der Unterschied zwischen amerikanischen und britischen Toffees liegt in der Zugabe von Nüssen. Hier in unserem Rezept kommt außerdem dunkle Schokolade in die Masse, die diese Bonbons noch mal eine Klasse aufrücken lässt. Außerdem schmecken sie so auch all jenen, die es nicht ganz so süß mögen.

Ergibt ca. 50 Bonbons, Zubereitungsdauer 25 Minuten + Abkühlzeit

150 g Akazienhonig
120 g Zucker
200 g Bitterschokolade (60%), gehackt
60 g Salzbutter, in Würfel geschnitten
70 g geröstete Haselnüsse, ohne Haut

Honig und Zucker in einen Topf so lange kochen, bis die Masse eine dunkle Bernsteinfarbe annimmt. Topf vom Herd ziehen und die Schokolade in die brodelnde Masse geben. Mit einem Kochlöffel Schokolade unterziehen, bis sie vollständig geschmolzen ist. Nach und nach Butterwürfel in die Karamellmasse geben und einarbeiten. Die Butter schmilzt in der heißen Masse und setzt sich an der Oberfläche ab, darum bedarf es etwas Muskelkraft, um das Fett in die Masse einzuarbeiten.

Die noch warme Masse auf ein mit Backpapier ausgelegtes Blech (ca. 15 x 20 cm) ca. 1,5 cm dick ausgießen und gleichmäßig verstreichen. Abkühlen lassen und 30 Minuten kühlstellen.

Die fest gewordene Toffeemasse nach Belieben in Quadrate oder Rechtecke schneiden. Toffees in Cellophanpapier wickeln oder in einer luftdichten Dose mit Backpapier zwischen den Lagen aufbewahren. Gekühlt sind sie ca. 4 Wochen haltbar.

Zwetschgen-Crumble

Soulfood, wenn der Herbst naht

»Crumble« bedeutet schlichtweg: Streusel. Populär wurde er zunächst in England, als während des 2. Weltkriegs die üblichen Kuchenteig-Zutaten – Mehl, Fett und Zucker – rationiert waren. Heute macht man ihn ganz ohne Not; und das auf der ganzen Welt. Ich mag ihn am liebsten mit säuerlichem Obst wie Zwetschgen oder Rhabarber, die perfekt zu den süßen Streu-

IN DULCIIS GLORIA EST

*seln passen. Aber auch Pfirsiche, Äpfel und Birnen eignen sich
wunderbar. Servieren Sie dazu Schlagsahne oder Vanilleeis –
und bitte nicht zu knapp.*

Für ca. 8 Portionen, Zubereitungszeit 30 Minuten + Kühlzeit
+ 35 Minuten Backzeit

Streusel:
150 g Mehl
90 g gemahlene Mandeln
240 g weiche Butter
130 g Zucker
Prise Salz

Außerdem:
2 EL weiche Butter zum Fetten der Auflaufform
1 kg Zwetschgen
60 g Rohrzucker
½ TL Zimtpulver

Für die Streusel alle Zutaten rasch zu einem homogenen Teig
kneten, zu einer Kugel formen, in Klarsichtfolie schlagen
und für 1 Stunde kühl stellen.

Währenddessen Zwetschgen waschen, halbieren und entkernen, jede Hälfte nochmals halbieren. Mit Rohrzucker
und Zimt mischen.

Streusel mit den Händen auf ein mit Backpapier ausgelegtes Blech zu mehr oder weniger gleichmäßigen Streuseln
krümeln und beiseitestellen.

Backofen auf 200 °C Ober- / Unterhitze vorheizen. Ofen-feste Auflaufform (ca. 25 x 20 cm) buttern, Zwetschgen hin-eingeben und darauf die vorbereiteten Streusel verteilen.

Den Crumble auf zweiter Schiene von unten in den hei-ßen Backofen schieben und ca. 35 Minuten backen, bis die Streusel eine schöne goldbraune Farbe haben.

Den Crumble direkt aus dem Ofen oder lauwarm servie-ren.

Carrot Cake

Es geht auch anders

Schon im Mittelalter wurden Karotten in Europa als Zucker-ersatz benutzt. Die amerikanische Variante des Karottenku-chens ist seit den 60er Jahren populär. Wer das typische »Fros-ting« zu mächtig und süß findet, lässt es einfach weg oder serviert stattdessen geschlagene Sahne. Durch den hohen Anteil an Karotten bleibt der Kuchen mehrere Tage saftig und frisch.

Für 12 Kuchenstücke, Zubereitungszeit 40 Minuten + 45 Mi-nuten Backzeit + 3 Stunden Abkühlzeit

350 g Karotten
260 g Mehl + 1 EL Mehl zum Bestäuben
2 TL Natron oder 4 TL Backpulver

250 g weiche Butter + 1 EL Butter zum Fetten
der Springform
130 g Zucker
½ TL Zimt
3 Eier
100 g Orangenmarmelade
200 g gemahlene Mandeln
3 EL Zitronensaft

Frosting:
90 g weiche Butter
140 g Frischkäse
Abrieb einer Bio-Zitrone
330 g Puderzucker
1 TL Zitronensaft

Karotten schälen und fein reiben. Mehl und Natron in eine Schüssel sieben.

Backofen auf 190 °C Ober- / Unterhitze vorheizen. Eine Springform (Ø 25 cm) mit 1 EL Butter fetten und mit Mehl bestäuben.

Butter, Zucker und Zimt mit den Schneebesen des Handrührgeräts 3 Minuten schaumig aufschlagen, dann nach und nach die Eier einarbeiten. Orangenmarmelade und geriebene Karotte unterziehen. Mehlmischung, Mandeln und Zitronensaft zufügen und unterrühren. Teig in die vorbereitete Springform füllen.

Springform auf zweiter Schiene von unten für ca. 45 Minuten in den heißen Ofen schieben (Stäbchenprobe). Sobald der Kuchen fertig ist, aus dem Ofen nehmen und 5 Minuten abkühlen lassen. Carrot Cake aus der Springform lösen und auf einem Kuchengitter vollständig abkühlen lassen (ca. 2½ Stunden).

Für das Frosting Butter, Frischkäse und Zitronenabrieb glatt rühren. Langsam den Puderzucker und Zitronensaft zufügen und auf höchster Stufe schaumig schlagen.

Den vollständig abgekühlten Kuchen gleichmäßig mit Frosting bestreichen, dann für weitere 30 Minuten in den Kühlschrank stellen.

Pfirsich Melba

Zum Jubilieren

Erfunden hat diese fruchtig kühle Kreation aus Vanilleeis und Pfirsich der französische Küchenchef Auguste Escoffier, der sie 1899 der australischen Opernsängerin Nellie Melba widmete. Amerikaner lieben dieses Dessert so sehr, dass sie ihm einen ganzen Tag gewidmet haben. Warum der »National Peach Melba Day« auf den 13. Januar fällt und wer ihn überhaupt begeht, ist unbekannt. Fest aber steht: Diese Kombination schmeckt auch 120 Jahre nach ihrer Erfindung einfach außerirdisch gut.

Für 4 Personen, Zubereitungszeit 20 Minuten + Koch- und
Abkühlzeit

Für die Pfirsiche:
½ Vanilleschote
150 ml Weißwein
100 g Zucker
Saft einer halben Zitrone
4 reife Pfirsiche

Für die Himbeersauce:
250 g Himbeeren
40 g Zucker
1 EL Zitronensaft

Außerdem:
2 EL Mandelblättchen
8 Kugeln Vanilleeis
ca. 150 ml geschlagene Sahne

Reichlich Wasser in einem großen Topf zum Kochen bringen.
Parallel dazu Vanilleschote der Länge nach aufschneiden
und das Mark herauskratzen. Vanilleschote und -mark mit
500 ml Wasser, Weißwein, Zucker und Zitronensaft in einem
Topf zum Kochen bringen.
Die Schale der Pfirsiche mit einem kleinen Messer ein oder
zwei Mal leicht einritzen. Pfirsiche in sprudelnd kochendem
Wasser je nach Reifegrad 15-40 Sekunden blanchieren, sofort
in kaltem Wasser abschrecken und die Haut abziehen.

Pfirsiche in den Vanille-Sirup legen, einmal aufkochen und vom Herd ziehen. Die Pfirsiche mit einem passenden Teller beschweren, so dass sie vollständig vom Sud bedeckt sind. Pfirsiche im Sud abkühlen lassen und kaltstellen.

Für die Sauce Himbeeren mit 30 ml Wasser, 40 g Zucker und 1 EL Zitronensaft in einem Topf bei geschlossenem Deckel zum Kochen bringen. Topf vom Herd ziehen, Himbeersauce etwas abkühlen lassen und durch ein feines Sieb streichen. Himbeersauce kaltstellen.

Mandelblättchen in einer Pfanne ohne Fett bei mittlerer Temperatur unter häufigem Wenden goldbraun rösten. Abkühlen lassen.

Zum Servieren die Pfirsiche abtropfen lassen und halbieren, Kerne entfernen. Jeweils 2 Kugeln Vanilleeis in Schalen oder auf Teller geben und darauf 2 Pfirsichhälften setzen. Pfirsiche mit Himbeersauce überziehen und mit Mandelblättchen bestreuen. Mit geschlagener Sahne servieren.

Lemon Meringue Pie

Trotz hohen Alters immer noch erfrischend gut

Die Lemon Meringue Pie versetzte bereits Abraham Lincoln in Entzücken. Eiskalt serviert, ist sie sowohl eine ideale Sommertarte als auch das perfekte Dessert nach Weihnachtsgans und Knödeln.

Achten Sie bei der Zubereitung auf einen wirklich dünnen Mürbteig, der nicht sattmachen, sondern einzig und allein als krosse Unterlage für die Crème dienen soll.

Für 12 Stücke, Zubereitungszeit 60 Minuten + 30 Minuten Kühlzeit + Backzeit

Mürbteig:
120 g weiche Butter + 1 EL weiche Butter zum Fetten
    der Kuchenform
80 g Zucker
1 Prise Salz
1 kleines Ei
200 g Mehl

Zitronencreme:
180 ml frisch gepresster Zitronensaft (4-5 Zitronen)
140 g Puderzucker
90 g geschmolzene Butter, bei Zimmertemperatur
2 Eigelbe, M
2 Eier, M

Meringue:
2 Eiweiße, M
ca. 80 g Zucker
1 Prise Salz

Butter, Zucker und Salz in einer Schüssel mischen und mit dem Schneebesen des Handrührgeräts schaumig rühren.

Ei rasch einarbeiten und anschließend auf niedrigster Stufe das Mehl unterziehen. Den Teig in Klarsichtfolie schlagen und 30 Minuten kaltstellen.

Backofen auf 180 °C Ober- / Unterhitze vorheizen. Teig auf leicht bemehlter Arbeitsfläche gleichmäßig dünn ausrollen. Teig in die gebutterte Kuchenform (mit herausnehmbarem Boden, Ø 26 cm) legen. Den Rand festdrücken, er soll 3-4 cm hoch sein.

Teigboden mehrfach mit einer Gabel einstechen und mit einem passenden Stück Backpapier belegen, so dass er am Rand etwas hochsteht. Backpapier mit Hülsenfrüchten beschweren und die Tarte auf zweiter Schiene von unten für 20 Minuten in den heißen Backofen schieben.

Währenddessen Zitronensaft und Puderzucker mischen, mit einem Pürierstab Eigelbe und Eier, dann langsam die flüssige Butter einarbeiten, dabei möglichst wenig Schaum erzeugen.

Die vorgebackene Tarte aus dem Ofen nehmen, Ofentür ca. 30 Sekunden offen stehen lassen, Temperatur auf 100 °C herunterschalten. Backpapier und Hülsenfrüchte entfernen.

Zitronen-Ei-Mischung in die Tarte füllen und das Ganze für ca. 30 Minuten in den Ofen schieben, bis die Zitronencrème vollständig gestockt ist. Abkühlen lassen.

30-60 Minuten vor dem Servieren 2 Eiweiße abwiegen, separat die gleiche Menge Zucker abwiegen (ca. 80 g). Eiweiße mit einer Prise Salz mit den Schneebesen des Handrührgeräts schaumig schlagen. Nach und nach den Zucker einrieseln lassen und so lange weiterschlagen, bis der Zucker vollständig aufgelöst ist und sich der Eischnee zu festen Spitzen ziehen lässt.

Baisermasse mit einem Löffel auf der Tarte verteilen und wellenartig verstreichen. Die Oberfläche mit einem Bunsenbrenner leicht bräunen. Bis zum Servieren kaltstellen.

Challah

....

Gebäck für Fest- und Feiertage

Die jüdische Spezialität ist unserem Hefezopf ganz ähnlich, dabei jedoch »parve«, also ohne Milchprodukte zubereitet. Am liebsten mag ich die frisch gebackenen Scheiben dick mit Marmelade bestrichen, sie eignen sich aber auch perfekt für Fried-Egg-Cheese-Sandwiches. Und aus altbackenen Resten können Sie die leckersten French Toasts zubereiten.

Ergibt 1 Zopf, ca. 16 Scheiben, Zubereitungszeit: 20 Minuten + 90 Minuten Gehzeiten + 30 Minuten Backzeit

600 g Mehl
30 g frische Hefe
230 ml lauwarmes Wasser
60 g Zucker
1 TL Salz
2 Eier, M
50 g Pflanzenöl
1 Eigelb
nach Belieben 2 EL Mohn

Mehl in eine Schüssel sieben, in die Mitte eine Mulde drücken. Für den Vorteig Hefe in ca. 50 ml lauwarmem Wasser auflösen und mit etwas Zucker in die Mulde geben. Schüssel mit einem sauberen Küchentuch bedecken und an einem warmen, geschützten Ort ca. 10 Minuten stehen lassen.

Zucker und Salz zum Mehl geben. Eier mit dem restlichen Wasser und Pflanzenöl verquirlen und unter ständigem Kneten mit den Knethaken des elektrischen Handrührers in den Teig einarbeiten. 5 Minuten kneten, er soll elastisch und homogen sein. Die Schüssel mit einem sauberen Küchentuch bedecken und Hefeteig gehen lassen, bis sich sein Volumen verdoppelt hat (ca. 50 Minuten).

Dann mit den Händen zusammenschlagen und auf bemehlter Arbeitsfläche durchkneten. Teig in 3 gleich schwere Portionen teilen und jede zu einer ca. 30 cm langen Rolle formen. Die 3 Stränge zu einem Zopf flechten, die Enden einschlagen und unter den Zopf drücken.

Eigelb mit 2 EL Wasser verrühren, damit den Zopf bepinseln. Nach Belieben Mohn über den Zopf streuen.

Backofen auf 180 °C Ober- / Unterhitze vorheizen. Challahbread erneut 30 Minuten gehen lassen, dann auf zweiter Schiene von unten für 30 bis 35 Minuten in den heißen Ofen schieben und goldbraun backen. Aus dem Ofen nehmen und vor dem Anschneiden mindestens eine Stunde abkühlen lassen.

Rice Pudding mit Mango

Soulfood mit Karibikeinschlag

Mit Rice Pudding – oder Milchreis – verbinden sicherlich die meisten wohlige Kindheitserinnerungen, hierzulande mit Kirschkompott oder Zimt und Zucker. Diese Variante mit Mango ist exotischer, weckt aber trotzdem warme Gefühle der Vergangenheit.

Für 4-6 Portionen, Zubereitungszeit 20 Minuten + 25 Minuten Kochzeit

1 l Milch
1 Prise Salz
¼ TL gemahlener Kardamom
250 g Milchreis
80 g Akazienhonig
2 reife Mangos

½ Zimtstange
ca. 100 ml Apfelsaft

Milch mit einer Prise Salz zum Kochen bringen. Kardamom und Reis in die Milch geben, Temperatur verringern und den Reis auf niedriger Stufe unter gelegentlichem Umrühren ca. 25 Minuten garen, der Reis soll dabei knapp unter dem Siedepunkt bleiben. Der Reis ist fertig, wenn er noch einen ganz leichten Biss hat.

Währenddessen Mangos schälen, das Fruchtfleisch in grobe Würfel schneiden.

Die Hälfte des Honigs mit der Zimtstange, den Mangowürfeln und dem Apfelsaft in einer Pfanne so lange erhitzen, bis die Flüssigkeit verdampft ist und der Honig zu karamellisieren beginnt. Die Pfanne vom Herd ziehen.

Milchreis mit ca. 40 g Honig süßen und in Schalen verteilen, die Mangos darübergeben.

Brownies

Everybody's Darling

Seit über hundert Jahren lieben Amerikaner ihre Brownies. Erfunden wurden sie ursprünglich wohl in Boston. Damals das Neue und heute das Praktische daran? Statt mit einer Gabel werden die köstlichen kleinen Vierecke mit den Fingern gegessen.

*Diese schokoladigste Variante der Welt ist übrigens so köst-
lich, dass es sich lohnt, gleich ein ganzes Blech davon zuzubereiten. In luftdichten Dosen halten sie sich 3 bis 4 Wochen.*

Für ein Backblech, 29 x 35 cm, ergibt 50-60 Stück, Zubereitungszeit 20 Minuten + Back- und Abkühlzeit

> 240 g Walnüsse oder Pecannüsse
> 600 g Schokolade (72 % Kakaoanteil)
> 4 EL Wasser
> 150 g Butter
> 6 Eier, M
> 240 g Rohrzucker
> 180 g Mehl

Backofen auf 170 °C Ober- / Unterhitze vorheizen. Nüsse
grob hacken.

Schokolade grob hacken, mit 4 EL Wasser in eine Schüssel geben und unter gelegentlichem Rühren über dem Wasserbad schmelzen. Es kann passieren, dass die Masse dabei
zäh wird, was aber keinen Einfluss auf das Resultat hat. Butter würfeln und in der Schokolade schmelzen, dabei sorg-
fältig rühren, damit das Fett gut in die Schokolade eingearbeitet wird.

Eier und Rohrzucker mit den Schneebesen des elektrischen Handrührgeräts schaumig schlagen, die flüssige Schokoladen-Butter-Mischung unterziehen, das Mehl über die
Masse sieben und unterrühren. Nüsse unter den Teig heben.

Ein Backblech mit Backpapier auslegen. Teig gleichmäßig darauf verteilen. Das Blech auf zweiter Schiene von unten für ca. 20 Minuten in den heißen Backofen schieben, bis der Teig gar, aber noch weich ist. Ein Holzstäbchen in die Mitte des Teigs stecken und herausziehen, bleiben keine Teigreste am Stäbchen hängen, ist der Kuchen fertig.

Blech aus dem Ofen nehmen, kurz abkühlen lassen und den Teig in ca. 4 cm breite Würfel schneiden. Die Brownies vollständig auskühlen lassen und in einer luftdichten Dose kühl aufbewahren.

Strawberry Mess / Eton Mess

Köstliches Durcheinander

Ein englischer Exportschlager, der phänomenal gut schmeckt, ohne Teig auskommt und denkbar einfach zuzubereiten ist. Sie können dieses Dessert auch mit gemischten Beeren oder anderen Früchten kombinieren.

Für 4 Personen, Zubereitungszeit 15 Minuten

500 g Erdbeeren
nach Belieben 10 bis 20 ml Grand Marnier
60 g Baisers, gekauft oder selbst gemacht (S. 57)
200 ml eisgekühlte Schlagsahne

1 Päckchen Vanillezucker
8 Kugeln Vanilleeis

Erdbeeren waschen, entkelchen und je nach Größe halbieren oder vierteln. Erdbeeren nach Belieben mit Grand Marnier marinieren.

Baisers mit den Händen grob zerkrümeln.

Sahne mit Vanillezucker steif schlagen und bis zum Servieren kaltstellen..

Zum Servieren Sahne auf 4 Teller verteilen. Jeweils 2 Kugeln Vanilleeis und ein Viertel der Erdbeeren auf die Sahne geben. Baiserkrümel darüber streuen.

Baisers

Süß und bissfest

Im Englischen heißen Baisers »Meringues«, weil sie angeblich im Schweizer Dörfchen Meringen erfunden wurden. Nicht nur sind sie einfach herzustellen, sie sind die ideale Verwertung für übrig gebliebenes Eiweiß, und, in luftdichten Dosen verpackt, mehrere Wochen haltbar.

Für ein Backblech, Zubereitungszeit 10 Minuten + ca. 6 Stunden Backzeit

3 Eiweiße
1 Prise Salz
120 g Zucker
60 g Puderzucker
1 EL Speisestärke

Backofen auf 80 °C Ober- / Unterhitze vorheizen. Eiweiße mit Salz in einer Schüssel mit den Schneebesen des elektrischen Handrührgeräts schaumig schlagen. Langsam und unter ständigem Schlagen Zucker einrieseln lassen. Eischnee so lange schlagen, bis man ihn zu langen Spitzen ziehen kann.

Puderzucker und Speisestärke über den Eischnee sieben und auf niedrigster Geschwindigkeit unterrühren.

Spritzbeutel mit einer Loch- oder Sterntülle (Ø ca. 2 cm) versehen. Die Baisermasse hineinfüllen und nach Belieben kleine Tupfen oder runde Kreise auf ein mit Backpapier ausgelegtes Backblech spritzen.

Das Blech auf zweiter Schiene von unten in den Ofen schieben und die Baisers je nach Größe und tatsächlicher Ofentemperatur (die individuelle Ofentemperatur muss nicht der angezeigten Temperatur entsprechen) 4 bis 6 Stunden trocknen lassen. Die Baisers sind fertig, wenn sie durchgebacken sind.

Gefrostete Erdbeer-Charlotte

Kinderleicht

Für diesen gelingsicheren Nachtisch, den meine Großtante aus den eigenen Gartenbeeren zubereitete, benötigen Sie kaum ein Rezept. Ob Sie den Anteil der Fruchtsauce oder den der Sahne etwas erhöhen oder verringern, spielt dabei keine Rolle, und egal, ob Erd-, Him- oder Brombeeren für die fruchtige Note verantwortlich sind – es schmeckt immer! Gestürzt und mit Löffelbiskuit garniert ist die Eisbombe für mich Inbegriff genussvoller Sommerferientage.

Für 10 Portionen, Zubereitungszeit 20 Minuten + 4 Stunden Gefrierzeit

> 500 g Erdbeeren, ersatzweise Him-, Johannis- oder Brombeeren
> 20 ml frischer Zitronensaft
> 100 g Puderzucker
> 500 ml Sahne
> 12 Löffelbiskuits

Erdbeeren waschen, entkelchen und mit Zitronensaft und Puderzucker fein pürieren. Die Hälfte der Sahne steif schlagen und mit dem Erdbeermark verrühren. Die Masse in eine Metallschüssel füllen und für mind. 4 Stunden, am besten über Nacht tieffrieren.

Ca. 10 Minuten vor dem Servieren die Schüssel kurz in heißes Wasser halten, dabei darauf achten, dass das Wasser nur mit der Schüssel, nicht mit dem Eis in Berührung kommt. Charlotte auf eine Servierplatte gleiten lassen und in den Kühlschrank stellen. Die restliche Sahne steif schlagen, nach Belieben leicht süßen und auf der Charlotte verteilen. Löffelbiskuits gleichmäßig an den Rand der Charlotte drücken. Mit Erdbeeren garnieren. Zum Servieren Charlotte mit einem leicht angewärmten Messer in Stücke schneiden.

Crème brûlée

Erst knackig, dann sanft

Sie kommt aus Frankreich, aber ist längst auf der ganzen Welt zuhause: die Crème brûlée. Die Garzeit kann je nach Ofen und Einfüllhöhe stark variieren. Halten Sie ein Förmchen leicht schräg: Ist die Masse noch flüssig, bewegt sie sich unter der gebildeten Haut und bildet eine Beule, dann muss sie noch länger im Ofen bleiben. Ich liebe Crème brulée temperiert und nehme sie darum 30 Minuten vor dem Servieren aus der Kühlung. Wer den Kontrast zwischen kalter Crème und warmer Zuckerkruste bevorzugt, lässt die Förmchen bis zum Servieren im Kühlschrank.

Für 4 Portionen, Zubereitungszeit 20 Minuten + ca. 60 Minuten Garzeit + 1 Stunde Abkühlzeit

1 Vanilleschote
350 ml Crème double
250 ml Sahne
5 Eigelbe, M
40 g Zucker
ca. 4 EL feiner Zucker

Backofen auf 130 °C (Umluft) vorheizen. Vanilleschote der Länge nach aufschneiden und das Mark herauskratzen. Vanilleschote und -mark mit Crème double, Sahne und 40 g Zucker in einem Topf zum Kochen bringen.

Topf vom Herd ziehen und die Vanilleschote aus der Flüssigkeit nehmen.

Eigelbe in einer Schüssel verquirlen und ca. 100 ml der heißen Flüssigkeit unterrühren. Die Eigelbmasse unter ständigem Rühren mit einem Schneebesen in die heiße Sahnemischung gießen.

4 flache, ofenfeste Förmchen (Inhalt 200 ml) nebeneinander in die Fettpfanne des Backofens setzen. Die Förmchen mit der Crème-brûlée-Masse füllen. Das Blech auf zweiter Schiene von unten in den Ofen schieben. Ca. 1 l Wasser im Schnellkocher aufkochen und neben den Förmchen in die Fettpfanne gießen. Ofentür schließen und die Crèmes brûlées 40 bis 60 Minuten pochieren, bis die Masse stockt.

Förmchen vorsichtig aus dem Ofen nehmen, abkühlen lassen und kühlstellen.

Kurz vor dem Servieren den Zucker gleichmäßig auf der Oberfläche der Crèmes verteilen und mit einem Bunsenbrenner karamellisieren. Wer keinen Bunsenbrenner hat, kann die Förmchen auch unter dem vorgeheizten Grill des Backofens karamellisieren. Achten Sie jedoch bei dieser Methode darauf, dass der Zucker nicht zu dunkel und bitter wird.

Flambierte Bananen

Mit Rum und Karamellsauce

Wer meint, Flambieren wäre etwas für Effekthascher, täuscht sich. Diese Bananen schmecken flambiert unverschämt gut! Doch seien Sie bitte vorsichtig, wenn Sie mit der Rumflasche und Streichhölzern hantieren. Vor allem dann, wenn Sie auf einem Gasherd mit offenem Feuer kochen, empfehle ich, doch lieber auf das Wow-Erlebnis zu verzichten.

Dieselbe Zubereitung eignet sich übrigens auch für frische Ananas- oder Mangospalten.

Für 4 Personen, Zubereitungszeit 20 Minuten

4 Bananen
40 g Butter
60 g heller Rohrzucker

Abrieb und Saft einer halben Bio-Orange
80 ml brauner Rum
4 Kugeln Vanilleeis

Bananen schälen und sowohl quer als auch längs halbieren.

Butter, Zucker, Orangenabrieb und 30 ml Rum in einer Pfanne erhitzen. Die Bananen mit der Schnittfläche nach unten hineinsetzen. Die Pfanne so lange erhitzen, bis die Flüssigkeit verdampft ist und die Bananen beginnen zu karamellisieren.

Den restlichen Rum zufügen und ein langes Streichholz anzünden. Das Streichholz am Pfannenrand über die Rum-Bananen halten, bis sich der Alkohol entzündet. Doch Vorsicht: Halten Sie Ihren Kopf nicht direkt über die Pfanne! Manchmal ist die Stichflamme höher als erwartet.

Die Pfanne leicht rütteln, bis die Flamme ausgeht. Orangensaft zufügen, aufkochen und die Bananen in der Karamell-Rum-Sauce wenden. Bananen mit Sauce auf Teller verteilen. Jeweils eine Kugel Vanilleeis daneben setzen.

Syllabub

Mit Schwipsgarantie

Noch ein englischer Klassiker, der es um die Welt geschafft hat und gerade ein Revival erlebt! Warum? Weil der Syllabub so unschuldig weiß im Glas auf den Tisch geschwebt kommt und es doch gewaltig in sich hat! Für Kinder und Abstinenzler nicht geeignet.

Für 4 Portionen, Zubereitungszeit 30 Minuten + Kühlzeit über Nacht

    100 g grüne Weintrauben
    140 ml Süßwein, z. B. Tokayer
    4 EL Grappa
    4 Löffelbiskuits
    70 g Eiweiß (ca. 2 Stück)
    70 g Zucker
    250 ml Schlagsahne
    Saft einer halben Limette

Weintrauben waschen, halbieren und evtl. Kerne entfernen. Trauben in einer Schale mit 70 ml Süßwein und 2 EL Grappa marinieren. Löffelbiskuits in ca. 2 cm große Stücke schneiden.

    Eiweiß mit den Schneebesen eines Handrührgeräts steif schlagen, dann langsam den Zucker zufügen und so lange schlagen, bis der Eischnee einen satten Glanz bekommt und die Eischneespitzen einen festen Stand haben.

    Schlagsahne halb steif schlagen, Limettensaft, restlichen Süßwein und restlichen Grappa zufügen und weiterschlagen, bis die Sahne steif ist. Sahne unter die Eischneemischung ziehen.

    Trauben in 4 Gläser verteilen, darüber die Löffelbiskuitstücke geben und mit der Traubenmarinade begießen. Eischneesahne darüber verteilen und die Gläser über Nacht kaltstellen.

Orangeneis

Bittersüß und cremig

Der Unterschied zwischen Eis und Sorbet besteht allein in den Zutaten: Eis enthält Milchprodukte, Sorbets sind aus Fruchtpürees und -säften hergestellt. Die Zugabe von Ei ist typisch für Eis, doch auch in – eher altmodischen – Sorbet-Rezepturen stößt man gelegentlich auf geschlagenes Eiweiß.

Ergibt ca. 700 ml, Zubereitungszeit 20 Minuten + Abkühl- und Gefrierzeit

300 ml Orangensaft
250 ml Milch
250 ml Sahne
50 g Zucker
Abrieb von 2 Bio-Orangen
4 Eigelbe, M
nach Belieben 2 cl Grand Marnier

Orangensaft in einem Topf auf 60 ml einkochen.

Milch, Sahne, Zucker und Orangenschale in einen Topf geben und zum Kochen bringen.

Währenddessen die Eigelbe in einer großen Schüssel mit einem Schneebesen leicht schlagen.

Sobald die Milch-Sahne-Mischung kocht, den Topf vom Herd ziehen und die heiße Flüssigkeit langsam und unter ständigem Rühren mit einem Schneebesen zu den Eigelben gießen.

Die Flüssigkeit zurück in den Topf geben und bei mittlerer Temperatur zur Rose abziehen. Dafür wird die Sauce so lange vorsichtig und unter ständigem Rühren mit einem Holzlöffel auf 75-80 °C erhitzt, bis sie leicht andickt. Achten Sie darauf, dass die Flüssigkeit nicht zu heiß wird und das im Eigelb enthaltene Protein ausflockt! Die Flüssigkeit sofort durch ein Sieb in eine Schüssel gießen.

Orangensaftreduktion unterrühren und die Sauce nach Belieben mit Grand Marnier abschmecken. Die Sauce abkühlen lassen und in einer Eismaschine frieren.

Zitronensorbet

Für heiße Sommertage

Am besten lassen sich Eis und Sorbets in Eismaschinen frieren. Doch wer keine Eismaschine besitzt, kommt auch ans Ziel:

Dafür die Masse in einer Metallschüssel in die Tiefkühltruhe stellen und nach ca. 30 Minuten zum ersten Mal gut umrühren und vor allem die angefrorene Schicht an der Metallwand lösen. Diesen Vorgang von da an alle 15 Minuten wiederholen. Durch das Umrühren vermeiden Sie komplexe Kristallbildungen, die Ihr Eis im Block gefrieren lassen würden und denen nur noch mit Pickel und Säge beizukommen wäre.

Ergibt 6 Portionen, Zubereitungszeit 20 Minuten + Abkühl- und Gefrierzeit

  7 große Bio-Zitronen
  3 Zweige frische Minze
  100 g Zucker

Zitronen heiß abwaschen und die Schale fein abreiben. Zitronen halbieren und den Saft auspressen, es soll ca. 350 ml Saft ergeben.

  Zitronenabrieb, Zucker und 350 ml Wasser in einem Topf zum Kochen bringen. Topf vom Herd ziehen, Saft zufügen. Flüssigkeit abkühlen lassen und in einer Eismaschine gefrieren.

Kokosparfait mit Passionsfruchtsauce

Elegante Exotik

Auch »Halbgefrorenes« wird diese Tiefkühlspezialität genannt, die mit vielen Eigelben und reichlich Sahne etwas Festliches an sich hat. Die in der geschlagenen Sahne eingeschlossene Luft bewirkt, dass das Parfait im Gegensatz zu Eis oder Sorbet relativ schnell temperiert und eine weiche, cremige Konsistenz erhält, »Halbgefrorenes« bringt es auf den Punkt.

Besonders schön: Parfaits kommen ohne Eismaschine aus! Und einmal vorbereitet, können Sie sich als Gastgeber spätestens nach der Hauptspeise entspannt zurücklehnen – Ihr Parfait wird den Rest schon richten.

Für eine Terrinenform, Inhalt 1,5 l, ca. 10 Portionen, Zubereitungszeit 40 Minuten + 6 Stunden Gefrierzeit

400 ml Sahne
200 ml Kokosmilch
100 g Zucker
5 Eigelbe, M
Prise Salz
Abrieb und Saft von 2 Bio-Limetten

Passionsfruchtsauce:

8 reife Passionsfrüchte (mit runzliger und
   schrumpeliger Schale)

ca. 70 g Zucker

Eine Terrinenform mit Klarsichtfolie auslegen. Damit die
Folie gut anliegt, die Form innen dünn mit weicher Butter
fetten.

Sahne mit den Schneebesen des elektrischen Handrührgeräts steif schlagen und kühl stellen.

Kokosmilch und Zucker in einem Topf zum Kochen bringen. Eigelbe in einer Metallschüssel mit den Schneebesen
des elektrischen Handrührgeräts kurz schlagen, dann langsam die kochend heiße Flüssigkeit angießen. Die Schüssel
auf ein heißes Wasserbad setzen und die Masse weiterschlagen, bis sie andickt. Die Schüssel vom Wasserbad nehmen
und auf Eiswasser weiterschlagen, bis die Masse Zimmertemperatur erreicht hat.

Zuerst ein Drittel der Sahne mit dem Limettenabrieb unterrühren, dann die restliche Sahne unterheben. Parfaitmasse mit dem Saft von 1½-2 Limetten abschmecken und
in die vorbereitete Terrinenform gießen. Parfait mit Klarsichtfolie bedecken und mind. 6 Stunden, am besten über
Nacht in die Tiefkühltruhe stellen.

Für die Passionsfruchtsauce die Früchte mit einem Sägemesser quer halbieren. Saft und Kerne mit einem Teelöffel herauskratzen und in einen kleinen Topf geben, es soll
ca. 150 g Fruchtfleisch ergeben. Zucker zufügen und das
Ganze einmal aufkochen. Die Sauce vom Herd ziehen, mit

....

einem Pürierstab leicht anpürieren und durch ein feines Sieb streichen. Wer den Knack mag, kann 1 bis 2 EL der im Sieb verbleibenden Kerne zurück in die Sauce geben. Sauce abkühlen lassen und bis zum Servieren kaltstellen.

Etwa 15 Minuten vor dem Servieren das Parfait aus der Truhe nehmen und im Kühlschrank leicht antauen lassen.

Parfait mit Hilfe der Klarsichtfolie aus der Form auf ein Schneidebrett oder auf eine Servierplatte gleiten lassen und nach Belieben in Scheiben auf Tellern servieren oder im Ganzen auf den Tisch stellen. Dazu die Passionsfruchtsauce reichen.

Double Chocolate Cookies

Mit Kakao und weißer Schokolade

Es spricht vieles dafür, immer eine Keksdose selbstgebackene Cookies zuhause zu haben. Sie halten sich problemlos 6 Wochen – sofern sie nicht vorher aufgegessen sind – und bewähren sich in vielen Momenten als Rettung, Trost und Nervennahrung.

Ergibt ca. 24 Cookies, Zubereitungszeit 30 Minuten + 12 Minuten Backzeit

150 g Mehl

30 g Kakao

½ TL Natron oder 1 TL Backpulver

¼ TL Salz

130 g weiche Butter

130 g Rohrzucker

1 Päckchen Vanillezucker

1 Ei, M

150 g weiße Schokolade, grob gehackt

Backofen auf 180 °C Ober- / Unterhitze vorheizen. Mehl, Kakao, Natron und Salz in einer Schüssel mischen.

Butter mit Zucker und Vanillezucker mit den Schneebesen des elektrischen Handrührers schaumig schlagen (ca. 3 Minuten). Das Ei unterrühren, bis die Masse homogen ist. Zuerst die Mehlmischung, dann die Schokolade auf niedrigster Stufe rasch unterrühren.

2 Backbleche mit Backpapier auslegen und darauf mit einem Esslöffel jeweils ca. 12 Teighäufchen (à ca. 30 g Teig) mit etwas Abstand zueinander setzen. Die Bleche nacheinander auf zweiter Schiene von unten für ca. 12 Minuten in den heißen Ofen schieben, bis die Cookies zu duften beginnen. Die gebackenen Cookies sind noch recht weich und man neigt dazu, sie länger im Ofen zu lassen, doch mit dem Abkühlen kommt auch die knusprige Konsistenz.

Cookies aus dem Ofen nehmen, 2 Minuten abkühlen lassen, dann auf ein Gitter setzen und vollständig auskühlen lassen.

Gingerbreadmen

Ein Teig geht um die Welt

Lebkuchen gab es bereits in der Antike, in Griechenland und Ägypten. Im Mittelalter brachten ihn Kreuzritter oder Mönche – da scheiden sich die Geister – nach Europa, wo man bereits Figuren daraus formte. Und mit den europäischen Auswanderern reiste das Teigrezept dann schließlich nach Amerika ein.

Heute ist der Lebkuchen eine interkontinentale Weihnachtsleckerei. Mit diesem Rezept erhalten Sie einen elastischen, gut formbaren Teig, der beim Backen nicht aus dem Leim geht und sich so auch für Männchen, Knusperhäuschen oder Weihnachtsbaum-Anhänger eignet. Die Kekse duften so intensiv, dass einem beim bloßen Geruch schon weihnachtlich ums Herz wird.

Ergibt ca. 24 Stück (abhängig von Form und Größe), Zubereitungszeit 40 Minuten + Abkühl-, Back- und Trockenzeit

60 g Butter
125 g Honig
50 g Zucker
2 EL Wasser
1 Ei
1 TL Lebkuchengewürz
275 g Mehl + etwas Mehl für die Arbeitsfläche

1 gestr. TL Kakaopulver

2 gestr. TL Backpulver

Zum Verzieren:

100 g Puderzucker

1-2 TL Zitronensaft

nach Belieben Belegkirschen und abgezogene Mandeln

Backofen auf 170 °C Ober-/Unterhitze vorheizen.

Butter, Honig, Zucker und Wasser in einem Topf erwärmen, bis die Butter geschmolzen ist, dann auf Zimmertemperatur abkühlen lassen.

Mehl, Backpulver und Kakaopulver in eine Schüssel sieben.

Die Butter-Honig-Mischung in eine Rührschüssel geben, Eigelb und Lebkuchengewürz zufügen und mit den Schneebesen des Handrührgeräts unterrühren. Zuerst die Hälfte der Mehlmischung esslöffelweise auf niedriger Stufe unterrühren, dann den Rest zufügen und mit den Händen zu einem homogenen Teig kneten.

Den Teig auf leicht bemehlter Arbeitsfläche ca. 4 mm dünn ausrollen. Nach Belieben Formen ausstechen.

Backbleche mit Backpapier auslegen, die Kekse mit einer Palette mit etwas Abstand auf die Bleche setzen. 15 Minuten auf zweiter Schiene von unten backen.

Zum Verzieren Puderzucker mit Zitronensaft zu einer sehr zähen Creme verrühren, evtl. noch tropfenweise etwas Wasser zufügen. Diese in eine aus Backpapier geformte Spritztüte füllen, ersatzweise in einen Gefrierbeutel geben und mit einer Schere ein winziges Loch in eine Ecke schneiden. Lebkuchen mit der Puderzuckercreme verzieren und nach Belieben mit halbierten Belegkirschen belegen, dafür die Kirschen und Mandeln mit etwas Puderzuckercreme an der Unterseite festkleben. Puderzucker vollständig trocknen lassen, bevor die Lebkuchen zum Aufbewahren in luftdichte Dosen geschichtet werden.

Cream Puffs

Schmecken wie Kindheit

Unsere Sonntage früher zuhause waren den Cream Puffs gewidmet. Bloß hießen sie bei uns anders als in Amerika und England: nämlich »Windbeutel«. Dieser Name verrät schon, dass sie eigentlich nur aus Luft bestehen und unmöglich auf die Hüfte schlagen können – Grund genug, mehrmals zuzugreifen.

Für 6 Personen bzw. 24 Stück, Zubereitungszeit 25 Minuten + Back- und Abkühlzeit

Brandteig:
65 ml Wasser
60 ml Milch
1 Prise Salz
5 g Zucker

50 g Butter
75 g Mehl
3 kleine Eier

Außerdem:
180 ml Schlagsahne
1 EL Zucker
1 Päckchen Vanillezucker
1 Glas Sauerkirschen
etwas Puderzucker zum Bestäuben

Für den Teig Wasser, Milch, Salz, Zucker und Butter zum Kochen bringen. Mehl hineinschütten und kräftig mit einem Holzlöffel verrühren, bis sich alle Zutaten zu einem glatten Kloß verbinden. Die Masse »abbrennen«, d. h. den Teig unter Rühren weiter erhitzen, bis sich ein weißlicher Belag am Topfboden bildet und der Teig fester wird (3-4 Minuten).

Den Teig in eine Rührschüssel umfüllen. Nacheinander die Eier mit den Knethaken des Handrührgeräts in den Teig einarbeiten.

Ein Backblech mit Backpapier auslegen. Damit es fest liegen bleibt, vorher ein wenig Brandteig an allen 4 Ecken auf das Blech geben und damit das Papier festdrücken. Brandteig in einen Spritzbeutel mit einer mittleren Lochtülle füllen und kleine Häufchen mit etwas Abstand auf das Backpapier spritzen. Das Volumen des Gebäcks verdoppelt sich.

Das Blech in den kalten Backofen schieben, bei 180 °C 20-25 Minuten backen. Die Backofentür während der ersten 20 Minuten nicht öffnen.

Sahne mit Zucker und Vanillezucker steif schlagen und in einen Spritzbeutel mit Stern- oder Lochtülle füllen. Kirschen zum Abtropfen auf ein Sieb geben. Die abgekühlten Windbeutel quer aufschneiden, die unteren Hälften mit etwas Sahne befüllen und mit jeweils 3 Kirschen belegen. Deckel aufsetzen und mit Puderzucker bestäuben.

Tiramisu

Der krönende Abschluss

Ein 50er-Jahre Klassiker, der mit seiner Kombination von Espresso und Grappa nach wie vor das Zeug zum perfekten Abschluss eines Festgelages hat. Das A und O? Die Serviertemperatur – Tiramisu muss kalt auf die Teller kommen!

Ergibt 4-6 Portionen, Zubereitungszeit 35 Minuten + 6 Stunden Kühlzeit

   400 g Mascarpone
   300 ml Sahne
   50 g feiner Zucker
   1 Päckchen Vanillezucker
   120 ml Espresso
   3 EL Vin Santo oder Marsala
   2 EL Grappa oder Cognac

24 Löffelbiskuits

ca. 5 EL Kakaopulver zum Bestäuben

Mascarpone, Sahne, Zucker und Vanillezucker in einer großen Schüssel mit den Schneebesen des elektrischen Handrührgeräts so lange schlagen, bis die Masse cremig fest wird, sie soll noch leicht fließend und nicht streichfest sein.

Espresso, Vin Santo und Grappa mischen. Die Hälfte der Biskuits nebeneinander in eine Auflaufform (ca. 20 cm x 16 cm) legen, mit einem Esslöffel gleichmäßig die Hälfte des Espressos über die Biskuits träufeln und mit der Hälfte der Mascarponemischung bedecken. Mit einem Teesieb 2 EL Kakaopulver darüberstäuben. Mit den restlichen Zutaten eine weitere Lage in die Auflaufform schichten und mit 1 EL Kakaopulver abschließen.

Die Tiramisu mit Klarsichtfolie bedecken und ca. 6 Stunden kaltstellen. Direkt vor dem Servieren das restliche Kakaopulver frisch über die Tiramisu stäuben.

Vanillesauce

Die unverzichtbare Begleitung

Die Königin der süßen Saucen verlangt Zutaten in bester Qualität. Ich verwende dafür nur sehr frische Bio-Eier, und bietet sich die Möglichkeit, eine Vanilleschote von der Insel Tahiti

zu ergattern, so greife ich auf jeden Fall zu. Sie ist zwar teu-
rer als Bourbon-Vanille, dafür aber auch um einiges ergiebiger.

Ergibt ca. 600 ml, Zubereitungszeit 15 Minuten

250 ml Milch
250 ml Sahne
50 g Zucker
2 Vanilleschoten (oder 1 Tahiti-Vanilleschote)
5 frische Eigelbe, M

Vanilleschoten der Länge nach aufschneiden, das Mark herauskratzen. Schote und Mark mit Milch, Sahne und Zucker
in einen Topf geben und zum Kochen bringen.

Währenddessen die Eigelbe in einer großen Schüssel mit
einem Schneebesen leicht schlagen.

Sobald die Milch kocht, den Topf zur Seite ziehen und
die Vanilleschote entfernen. Die heiße Milch langsam und
unter ständigem Rühren mit einem Schneebesen zu den
Eigelben gießen.

Die Flüssigkeit zurück in den Topf geben und bei mittlerer Temperatur zur Rose abziehen. Dafür wird die Sauce so
lange vorsichtig und unter ständigem Rühren auf 75-80 °C
erhitzt, bis sie leicht andickt.

Die Vanillesauce sofort durch ein Sieb in eine Schüssel gießen und abkühlen lassen. Die abgekühlte Sauce mit Klarsichtfolie bedecken und kaltstellen.

Vanillesauce vor dem Servieren gut umrühren.

Inhalt